Ich gehe in den Kindergarten

6 5 4 3 2   99 98 97 96

Quellennachweis s. S. 94
Lektorat: Sabine Brügel-Fritzen

© 1995 Verlag Heinrich Ellermann, München
Printed in Germany
ISBN 3-7707-3024-0

Ich gehe in den Kindergarten

Geschichten, Gedichte, Lieder und Fingerspiele
rund ums Kindergartenjahr

gesammelt von Barbara Cratzius
mit Bildern von Julia Wittkamp

Ellermann Verlag

Inhalt

Der Sommer schleckt ein Himbeereis

Von Hitze, Regen und Gewitter, vom Baden gehen und Sandburgen bauen, von Ampeln, Autos und vom Verreisen

Vorwort

Sicher haben Sie das auch schon erlebt: Florian kommt aus dem Kindergarten und möchte Ihnen unbedingt das neue Fingerspiel zeigen oder ein neues Lied vorsingen. Oder Lena will, daß Sie ihr noch einmal die Geschichte von »Brif, braf, bruf« erzählen. Aber wie ging die noch gleich? – Sie können sich nicht mehr genau erinnern...

Für solche und ähnliche Fälle habe ich in diesem Buch eine Fülle von altbewährten und neuen Texten zusammengestellt: da finden Sie Fingerspiele und Lieder, kurze Geschichten und Gedichte für vielerlei Gelegenheiten und Anlässe.

Im Herbst beginnt für Ihr Kind das Kindergartenjahr – und so auch dieses Buch. Von nun an können Sie beim Erzählen der Geschichten und Anschauen der Bilder Ihr Kind in den Kindergarten begleiten und das, was es im Kindergarten erlebt, daheim wiederholen, vertiefen oder ergänzen. Das Kindergartenjahr hält viele Überraschungen und Aktivitäten bereit, die Sie mit den Kindern gemeinsam erleben können. Die einzelnen Kapitelüberschriften werden Sie verlokken, mit uns auf Entdeckungsreise zu gehen. Da heißt es im Herbst: »Ich hab den Drachen bunt bemalt«. Der Winter lädt uns ein: »Der Bär läuft durch den Winterwald«. Der Frühling fragt uns: »Wer malt das schönste Osterei«? Und schließlich heißt es: »Der Sommer schleckt ein Himbeereis«.

Vom Laternelaufen und Drachensteigenlassen, vom Kindergartenbeginn und von neuen Freundschaften, vom Nikolaus und dem Schneemann, vom Größerwerden und vom Fasching, vom Muttertag und vom Frühling, vom Verreisen und vom Erlernen der Verkehrssicherheit erzählt dieses Buch und noch von vielem mehr.

Viele Texte können zu weiterführenden Aktivitäten anregen: vielleicht können Sie miteinander die Geschichten weiterspinnen, sie verändern, Neues erfinden oder zum Anlaß für eine Bastelstunde nehmen.

Auch Schwierigkeiten, Probleme und Ängste aus dem Kindergartenalltag können dabei zur Sprache kommen: Sabine hat mich heute so geärgert... Vor dem Gewitter hab ich auch so Angst gehabt...

Durch die kurze Form und die schönen Bilder, die die Kinder immer wieder zum fröhlichen Betrachten locken, sind diese Texte überall einsetzbar – daheim, unterwegs, beim Arzt oder in der Kindergruppe.

Ich meine: Das gesprochene Wort kann durch keine Kassette und kein Fernsehprogramm ersetzt werden. Nehmen wir uns doch öfter am Tag ein paar Minuten Zeit für diesen persönlichen warmherzigen Kontakt,

8

der beim Erzählen und Vorlesen, beim Fragen und Antworten zwischen uns und dem Kind entsteht.
Und nun viel Spaß beim Erzählen und Bilderanschauen, beim Spielen und Singen und – beim Selberlesen!

Barbara Cratzius

9

Ich hab den Drachen bunt bemalt

Vom Kindergartenbeginn und von neuen Freundschaften, von bunten Blättern und fliegenden Drachen, vom Äpfelpflücken, Pflaumenernten und vom Laternegehen

Der erste Tag im Kindergarten

Laura soll heute zum ersten Mal in den Kindergarten gehen. Sie mag zum Frühstück gar nicht ihren Kakao trinken.

Der große Bruder Michael will ihr Mut machen. »Du, im Kindergarten ist es wirklich toll!« sagt er. »Draußen auf der Wiese ist eine lange Rutsche und eine Schaukel und ein Kletterturm. Das weiß ich noch ganz genau!«

Aber Laura will lieber auf den Spielplatz gehen. Dort gibt es das alles auch. Außerdem kennt sie fast alle Kinder, die da spielen: Peter und Mark, Julia und Stefanie. Und vor allem Benedikt: mit ihm hat Laura in den letzten Wochen besonders gern gespielt. Sie haben zusammen einen richtig großen Hafen für ihre Piratenschiffe gebaut.

Nun steht Laura mit der Mutter in dem langen Flur im Kindergarten. Frau Neumann begrüßt sie und zeigt ihr die Haken mit dem bunten Schiff. Dort kann sie ihren Anorak und die Tasche hinhängen.

Da tippt sie jemand von hinten auf den Rücken. »Schön, daß du da bist!« hört sie eine bekannte Stimme. Benedikt steht hinter ihr! – Er zieht sie an der Hand und zeigt ihr die Bauecke. Solche großen Legosteine hat Laura noch nie gesehen.

»Du, da können wir eine Ritterburg bauen«, ruft Laura. »Und nachher noch ein Piratenschiff!«

Sie schaut sich im Kindergarten um. An der Wand hängt ein großes Märchenschloß aus roten Pappsteinen. Darauf sind viele Fotos mit fröhlichen Kindergesichtern geklebt.

»Das ist unser Geburtstagskalender!« ruft Benedikt. »Da hängt auch bald dein Bild dran.«

An der anderen Wand sind viele gemalte Schiffe aufgehängt. »Dort drüben, das ist mein Schiff. Das mit den Masten und den roten Segeln dran!« ruft Benedikt.

»So ein Schiff möchte ich auch malen«, sagt Laura. Benedikt zeigt ihr die vielen Buntstifte, die Fingerfarben, die dicken Pinsel und die Tuschkästen. Laura ist begeistert.

Dann nimmt Benedikt sie in die Bauecke mit. Sie bauen eine große Ritterburg und ein Piratenschiff. Sie malen und singen und klatschen mit den vielen anderen Kindern. Sie rutschen auf der Rutschbahn und lassen ihre Schiffe schwimmen.

Als die Mutter mittags an der Tür steht, schaut Laura nur kurz hoch. »Du kommst viel zu früh!« ruft sie. »Ich hab noch so viel zu tun im Kindergarten!«

Barbara Cratzius

Wann Freunde wichtig sind

Freunde sind wichtig
zum Sandburgenbauen,
Freunde sind wichtig,
wenn andre dich hauen,

Freunde sind wichtig
zum Schneckenhaussuchen,
Freunde sind wichtig
zum Essen von Kuchen.

Vormittags, abends,
im Freien, im Zimmer…
Wann Freunde wichtig sind?
Eigentlich immer!

Georg Bydlinski

14

Ich gehe in den Kindergarten

Text und Melodie: Monika Görig

Ich ge-he in den Kin-der-gar-ten, wo
vie-le Kin-der auf mich war-ten.

Refrain:

Hier bin ich fünf Ta - ge, das ist gar kei-ne Fra - ge!

Ich lerne viele Kinder kennen
und kann sie dann beim Namen nennen. Refrain ...

Ich treffe meine Freunde hier
und freu mich drauf, das sag ich dir! Refrain ...

Ich bastle dies und bastle das,
und alles macht mir sehr viel Spaß! Refrain ...

Ich kann hier hüpfen und auch singen,
beim Tanzen meine Beine schwingen. Refrain ...

Am Wochenend' bleib ich zu Haus
und schlafe mich mal richtig aus.
Aber nur *zwei* Tage, das ist gar keine Frage!

Strophe für Strophe läßt sich dieses Lied gut mit Bewegungen begleiten: klat-
schen, Hände schütteln, Hand in Hand gehen, hüpfen, »schlafen« usw. Und
natürlich kann der Refrain individuell abgewandelt werden – je nachdem, an
wie vielen Tagen das Kind den Kindergarten besucht.

Tobi und Ralf

Tobi geht in den Kindergarten. Dort hat er einen neuen Freund. Der Freund heißt Ralf. Tobi und Ralf spielen gerne miteinander. Im Kindergarten.
Am liebsten würden sie nach dem Mittagessen weiterspielen. Ralf sagt: »Komm zu mir.« Tobi sagt: »Komm zu mir.« Ralf möchte unbedingt mit Tobi spielen. Aber bei sich zu Hause. Mit seinen Männchen. Bei seiner Mama. Tobi möchte unbedingt mit Ralf spielen. Aber bei sich zu Hause. Mit seinen Autos. Bei seiner Mama. Ralf sagt: »Du sollst aber zu mir kommen!« und stampft mit dem Fuß. Tobi sagt: »Du sollst aber zu mir kommen!« und stampft auch mit dem Fuß. Die Mamas stehen daneben. Die Mamas reden dazwischen. Die Mamas sagen: »Dann geht es eben nicht. Wenn ihr so stur seid.« Ralf fängt an zu weinen. Tobi fängt auch an zu weinen. Die Mamas gehen einfach weg. Die sind so blöd. Tobi und Ralf sind doch noch gar nicht fertig mit dem Ausmachen. Tobi und Ralf schauen sich an. »Ich komm zu dir«, sagt Ralf. »Ich komm zu dir«, sagt Tobi gleichzeitig. Sie müssen lachen. Sie nehmen sich bei der Hand. Das werden sie den Mamas sagen.

Heidemarie Brosche

16

Warum sich Raben streiten

Weißt du, warum sich Raben streiten?
Um Würmer und Körner und Kleinigkeiten,

um Schneckenhäuser und Blätter und Blumen
und Kuchenkrümel und Käsekrumen

und darum, wer recht hat und unrecht, und dann
auch darum, wer schöner singen kann.

Mitunter streiten sich Raben wie toll
darum, wer was tun und lassen soll,

und darum, wer erster ist, letzter und zweiter
und dritter und vierter und so weiter.

Raben streiten um jeden Mist.
Und wenn der Streit zu Ende ist,

weißt du, was Raben dann sagen?
Komm, wir wollen uns wieder vertragen!

Frantz Wittkamp

Herbstlied

Der Herbst, der Herbst, der Herbst ist da. Er

bringt uns Wind hei hus - sa -

1.

2. sa.

Schüt - telt ab die Blät - ter,

bringt uns Re - gen - wet - ter.

Hei - a hus - sa - sa, der Herbst ist da.

Der Herbst, der Herbst, der Herbst ist da.
Er bringt uns Obst, hei hus-sa-sa.
Macht die Blätter bunter,
wirft die Äpfel runter.
Heia hus-sa-sa, der Herbst ist da.

Der Herbst, der Herbst, der Herbst ist da.
Er bringt uns Wein, hei hus-sa-sa.
Nüsse auf den Teller,
Birnen in den Keller.
Heia hus-sa-sa, der Herbst ist da.

Der Herbst, der Herbst, der Herbst ist da.
Er bringt uns Spaß, hei hus-sa-sa.
Rüttelt an den Zweigen,
läßt den Drachen steigen.
Heia hus-sa-sa, der Herbst ist da.

Das Lied läßt sich gut in der Kindergruppe nachspielen: In der Mitte des Stuhlkreises steht ein Teller. Jedes Kind bekommt nun ein Obststück, ein Blatt, eine Nuß oder einen Zweig. Bei der entsprechenden Strophe darf es dann seine herbstliche Gabe auf den Teller legen.

19

September

Es kommt eine Zeit
da hat die Sonne
alle Arbeit getan
Die Äpfel sind rot
Die Birnen sind gelb
und die Marktfrauen rufen
Pflaumen schöne Pflaumen

Es kommt eine Zeit
da wird die Sonne müde
und immer kleiner

So klein wie eine Orange
die nach Afrika zurückrollt
wie ein Taler
der von einer Hand zur andern wandert
wie der Knopf
vom Matrosenkleid

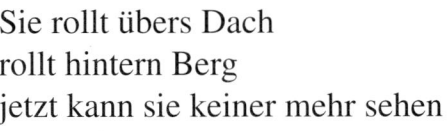

So klein wird die Sonne
daß der Himmel sie nicht mehr halten kann

Sie rollt übers Dach
rollt hintern Berg
jetzt kann sie keiner mehr sehen

Elisabeth Borchers

Das ist der Daumen

Das ist der Daumen,
der schüttelt die Pflaumen,
der hebt sie auf,
der trägt sie nach Haus,
und der kleine Schelm ißt sie alle, alle auf.

Fingerspiel von den Äpfeln

Der erste Apfel schläft hoch im Baum
und träumt einen tiefen Apfeltraum.
Den zweiten Apfel, wehe, wehe,
den packt die alte schwarze Krähe.
Den dritten Apfel, den pflückt sich der Klaus,
das gibt einen saftigen Apfelschmaus.
Den vierten Apfel, den packt sich der Wind
und wirft ihn weit ins Gras geschwind.
Den fünften Apfel, den pflücke ich mir,
ich reib ihn ab und schenk ihn dir.

Barbara Cratzius

Textgemäß bewegen sich die Finger der linken Hand, die rechte Hand spielt die Krähe, den Klaus, den Wind und das Kind.

21

Mein Drachen

Mein Drachen, ja, mein Drachen,
den hab ich bunt bemalt.
Der Mund kann lustig lachen,
das Augenpaar, das strahlt.

Und viele rote Streifen,
das solln die Ohren sein,
und lauter lust'ge Schleifen,
kleb an den Schwanz ich fein.

Nun soll er kräftig flattern,
wir lassen lang das Band,
dort drüben bei den Pappeln
am grünen Wiesenrand.

Da läßt er hoch sich treiben.
Schnell greift ihn sich der Wind.
Lang sollst du oben bleiben,
so flieg du nur geschwind!

Vorbei an Pferden, Schafen,
weit über Wies' und Feld.
Nun segelst du zum Hafen,
wie dir es so gefällt.

Da siehst du Schiffe liegen,
den Mast, den Schornstein dort,
die Möwen segeln, fliegen,
du jagst sie alle fort.

Ein Vogel, rot wie Feuer,
wild flattert bunt der Schwanz,
ist ihnen nicht geheuer,
ein wilder Drachentanz.

Du bist genug geflogen.
Komm, nimm doch nicht Reißaus,
bist hoch und weit gezogen,
komm, flieg nun schnell nach Haus!

Da schüttelt sich der Drachen,
schaut nicht mehr zu mir her.
Ich seh den Mund noch lachen,
dann fliegt er übers Meer.

Nun ist er ganz verschwunden,
so weit trieb er hinaus.
Und wenn du ihn gefunden,
so bring ihn mir nach Haus.

Barbara Cratzius

Gebratene Steine

Es war ein schöner, sonniger Herbsttag, und auf dem Mühlenweiher schwammen die ersten gelben Blätter. Wie goldene Schifflein trieben sie über den Teich. Der kleine Wassermann saß vor der Haustür des Wassermannhauses und zählte sie.

»Eins, zwei, drei, vier«, zählte der kleine Wassermann. »Ich möchte doch gar zu gern wissen, was dort oben los ist!«

Er stieß sich mit beiden Füßen vom Grund ab und tauchte empor. Dann schwamm er ans Ufer und bog mit den Händen das Schilf auseinander. Nun konnte er auf die Wiese hinausblicken wie durch den Spalt eines Vorhangs.

Am Rande der Wiese saßen drei Menschenjungen, die hatten ein Feuerchen angemacht und warfen von Zeit zu Zeit faustgroße gelbe Kieselsteine hinein. Nach einer Weile holten sie dann die Steine mit ihren Stecken wieder heraus, schabten die Asche herunter und aßen die Steine auf.

Darüber wunderte sich der kleine Wassermann sehr.

Kurz entschlossen verließ er das Schilf, überquerte die Wiese und fragte die Buben am Feuer: »Laßt ihr mich mal davon kosten? Ich habe nämlich mein Lebtag noch keine gebratenen Steine gegessen.«

»Wir auch nicht«, gaben die Buben zur Antwort.

»Aber ich habe doch selber gesehen, daß ihr welche gegessen habt!« sagte der kleine Wassermann eigensinnig. »Es sind wohl besondere Steine, die ihr da bratet, nicht wahr?« – »Na, hör mal, du machst dir wohl einen Narren aus uns? Wer bist du denn eigentlich?« – »Ich? Na, ich bin doch der kleine Wassermann, seht ihr das nicht?«

»Ja, sowas, da bist du ein Wassermann!« riefen die Jungen. »Das hättest du aber sagen müssen! Dann kannst du freilich nicht wissen, was Erdäpfel sind. Komm, wir geben dir welche zu kosten!«

Der eine Junge scharrte mit seinem Stecken auch gleich ein paar Kartoffeln aus der heißen Asche, der andere kratzte die schwarze Kruste herunter, der dritte reichte dem kleinen Wassermann eine Tüte mit Salz. »Das mußt du dir draufstreuen«, sagte er freundlich. Der kleine Wassermann wußte nicht recht, ob er zubeißen sollte. Er schnupperte erst noch ein Weilchen an seiner Kartoffel herum. Vorsichtig biß er hinein. »Na, und wie schmeckt es denn?« wollten die Jungen nun wissen. »Nach mehr!« rief der kleine Wassermann schmatzend. »Wer hätte gedacht, daß gebratene Steine so gut sind!«

Otfried Preußler

25

Ich geh mit meiner Laterne

Ich geh mit meiner Laterne und
meine Laterne mit mir.
oben leuchten die Sterne, hier
unten leuchten wir.
Mein Licht ist schön, könnt ihr es sehn?
Ra - bim- mel, ra - bam- mel, ra - bumm.

Ich geh mit meiner Laterne …
Ich trag mein Licht, ich fürcht mich nicht,
rabimmel, rabammel, rabum.

Die Katz miaut, der Hund, der schaut,
rabimmel, rabammel, rabum.

Der Hahn, der kräht, der Wind, der weht,
rabimmel, rabammel, rabum.

Das Licht geht aus, wir gehn nach Haus.
rabimmel, rabammel, rabum.

Komm, wir teilen uns die Laterne!

Schon mehrere Tage vor dem Martinsfest basteln die Kinder im Kindergarten eifrig an ihren Laternen. Martin hat von der Mutter den Deckel einer Käseschachtel mitbekommen, und die Erzieherin hat ihm ein großes Stück festes Butterbrotpapier zugeschnitten. Da malt er mit Wachsstiften lustige bunte Figuren drauf: einen großen runden Mond, dann noch einen halben Mond und viele Sterne.

Nun versucht er noch, einen bunten Hahn zu malen. Peter, der neben ihm sitzt, muß lachen. »Soll das ein Nilpferd sein oder eine Kuh?« fragt er.

Martin wird wütend. »Deine Kürbislaterne sieht aus wie ein Gespensterkopf!« schimpft er, »oder wie Dracula!«

Bärbel mag nicht, wenn die Jungen sich streiten. »Ich hab gleich gemerkt, daß du einen Hahn malen willst!« sagt sie, »an den bunten Federn am Schwanz habe ich das gesehen!«

Nun ist Martins Laterne fertig. Die Erzieherin hilft ihm, den Bügel zu befestigen und den Stab durchzuziehen. Das kleine Teelicht klebt Martin selbst hinein.

Die Kinder gucken aus dem Fenster. »Hoffentlich wird es heute ganz schnell dunkel!« rufen sie, »wir wollen doch beim Martinszug unsere Laternen ausprobieren!«

Als es Abend wird, ziehen aus vielen Straßen die Kinder mit ihren Laternen herbei. Es sieht schön aus, wie die vielen Sonnen und Monde, die Hähne und Gänse in der Dunkelheit hin- und herschwanken.

An der Spitze des Zuges reitet der heilige Martin mit seinem leuchtend roten Mantel auf einem weißen Pferd.

Als die Musikkapelle anfängt zu spielen, singen die Kinder aus dem Kindergarten stolz ihre Laternenlieder und Martinslieder mit.

Martin geht neben Bärbel her. Ganz vorsichtig trägt er seine Laterne. Ab und zu, wenn ein Windzug kommt, hält er schützend die Hand darüber.

»Guck mal«, sagt er, »die Schwanzfedern vom Hahn leuchten ganz besonders hell!«

Vor ihnen geht Peter. Er hält seine Kürbislaterne ganz stolz an einem Stock hoch. Den Mund hat er so geschnitten, daß das Kürbisgesicht richtig fröhlich lacht.

Auf einmal stolpert Peter über einen Kantstein. Die Kürbislaterne fällt zu Boden und kullert ein paar Meter weit über das Pflaster. Das Licht ist ausgegangen. Peter springt hin und hebt den Kürbiskopf auf.

Ganz schief sieht jetzt der Mund aus, und die eine Seite ist ganz platt gedrückt. »Meine schöne Laterne!« jammert er. »Ich hab mir solche Mühe damit gegeben!«

»Nimm sie in die andere Hand«, tröstet Martin ihn, »komm, du darfst die ganze Lerchenstraße lang meine Laterne nehmen, nachher in der Lindenstraße gibst du sie mir wieder, und am Schluß kriegst du sie nochmal!«

»Das finde ich aber toll von dir, Martin!« sagt Peter, und ganz fröhlich singen sie gemeinsam »Ich geh mit meiner Laterne«. Weithin schallen die Lieder in die Nacht hinaus.

Barbara Cratzius

Der Bär läuft durch den Winterwald

Von Nebelfrauen und Marzipanschneemännern, von Silbernüssen und vom Nikolaus, von Pinguinen und Schneekatzen

Ich habe Schnupfen

Ich habe Schnupfen.
Meine Nase läuft,
mein Kopf tut weh,
und meine Augen brennen.
Ich mag nicht essen,
ich mag nicht spielen,
gar nichts mag ich.
Und auf der Straße
sagen die Kinder »Rotznase« zu mir.

Jetzt bleibe ich zu Hause.
Mein Vater liest mir Geschichten vor,
meine Mutter gibt mir Himbeersaft,
und heute abend darf ich
mit der scharfen Schere
Bilder aus der Zeitung schneiden.

Wartet, ihr da draußen,
wenn ihr Schnupfen habt,
dann sage ich zu euch »Rotznase«!

Ursula Wölfel

Wenn die Nebelfrau kocht

Wer hockt hinterm Berge,
verhutzelt und grau?
Die alte Hexe,
die Nebelfrau.

Sie schöpft aus der Pfütze,
kocht graudicke Grütze.
Mischt Wasser mit Luft,
mengt Sonne mit Tau.
Das gibt eine Suppe!
Das gibt ein Gebrau!

Ein Löffel Warm,
zwei Handvoll Kalt –
schon brodelt' s am Berge.
Schon dampft es im Wald.

Eine Prise Wind,
halb kalt, halb lau. –
Hihi, so schmeckt es
der Nebelfrau.

Die Grütze blubbert,
steigt über den Rand.
Hu, was für ein Nebel!
Verschwunden das Land.

Hanna Hanisch

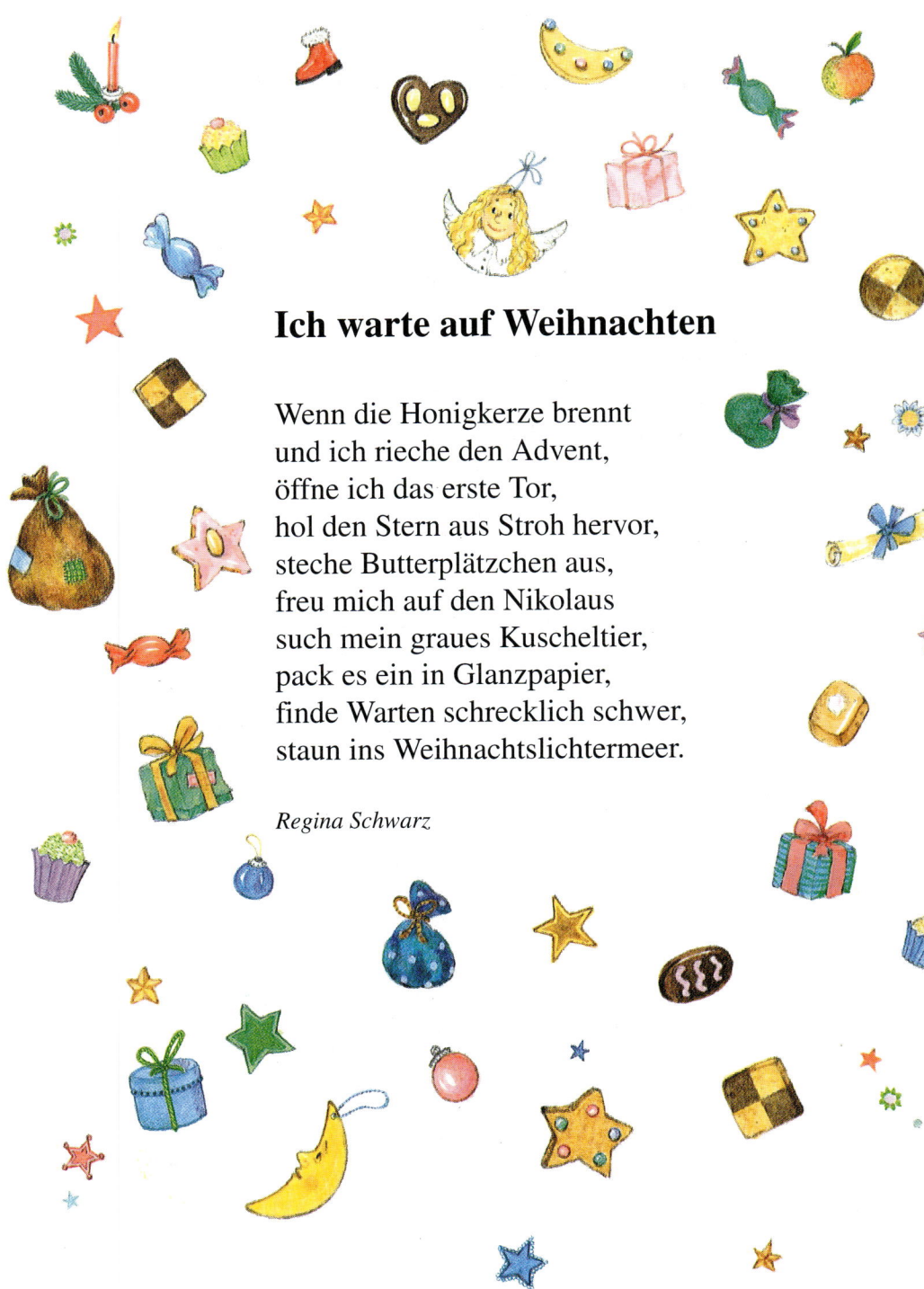

Ich warte auf Weihnachten

Wenn die Honigkerze brennt
und ich rieche den Advent,
öffne ich das erste Tor,
hol den Stern aus Stroh hervor,
steche Butterplätzchen aus,
freu mich auf den Nikolaus
such mein graues Kuscheltier,
pack es ein in Glanzpapier,
finde Warten schrecklich schwer,
staun ins Weihnachtslichtermeer.

Regina Schwarz

34

Wer hat die Silbernuß versteckt?

Wer hat die Silbernuß versteckt?
Hast du die Schlafmaus schon *(entdeckt)*?
Mein Teddy, der ist auch verschwunden,
ich such ihn schon seit vielen *(Stunden)*.
Brummen konnt' er schon nicht mehr,
Niklaus, bring ihn bitte wieder *(her)*!
Warum ist nur die Schranktür zu?
Das läßt mir heute keine *(Ruh)*.
Es knarrt und knistert unterm Dach,
und ich lieg abends lange *(wach)*.
Am Fenster hing ein Engelshaar,
das glitzerte ganz *(wunderbar)*.
Ach, könnt ich doch ein Englein sehn
oder Zwerge und Wichtel, das wäre *(schön)*.
Ich halt's bis Weihnachten gar nicht mehr aus!
Ach, komm doch schon eher, lieber *(Nikolaus)*!

Barbara Cratzius

35

Heute ist Backfest in der Küche!

»Hurra, heute ist Weihnachtsbackfest!« ruft Tina. »Mami, darf ich den Teig kneten?«

»Zu spät, Tina. Ich hab den Teig schon gestern vorbereitet, damit all die guten Gewürze durchziehen können!« Mutter holt den großen Teigklumpen aus dem Keller. »Der riecht aber gut!« stellt Kevin fest, »so nach Vanille und Zimt, so richtig nach Weihnachten! Darf ich mal probieren?«

»Aber nur ein bißchen«, meint die Mutter. »Wenn die Plätzchen gebacken sind, dann machen wir schon mal eine kleine Adventsstunde mit Rätselraten und Vorlesen und Kerzen und Plätzchen! Aber jetzt holt erst mal unsere Ausstechförmchen her!«

»O ja, ich mach die Vögel und die Fische!« ruft Kevin.

»Und ich die Sterne und Monde und Herzen!« schreit Tina.

Nach einer Weile sind die Bleche fertig belegt, und Mutter schiebt sie in den Ofen. Tina guckt durch das Backofenfenster. »Mami, das dauert aber lange!« ruft sie. »Warten ist so langweilig!«

Da hat die Mutter schon wieder eine neue Idee. Sie holt ein Päckchen Rohmarzipan aus dem Kühlschrank.

»Damit kneten wir jetzt eine richtige Schneefamilie!« sagt sie. »Ihr formt für jeden Schneemann drei Kugeln. Mit einem Zahnstocher setzen wir sie zusammen. Für die Augen habe ich Zuckerperlen gekauft und für die Nase Lakritzstangen.«

»Toll!« ruft Tina. »Ich mach eine Schneefrau für Oma, so richtig rund und gemütlich!«

»Und ich mach ein Schneekind für die alte Frau Jakob oben im 5. Stock!« sagt Kevin. »In diesem Jahr bekommt sie gar keinen Besuch von ihren Enkeln, weil sie über Weihnachten mit den Eltern nach Gran Canaria fliegen!«

»Ihr habt richtig gute Ideen!« sagt die Mutter. »Ihr seid ja selber schon ganz fleißige Weihnachtswichtel geworden!«

Barbara Cratzius

Besuch vom Nikolaus

»Heute war es ganz toll im Kindergarten«, sprudelt Michael hervor. »Wir haben ein richtiges Nikolausfest gefeiert!«

»Die Tische haben wir ganz festlich geschmückt«, erzählt Bettina weiter. »So ein süßer kleiner Apfelnikolaus stand an meinem Platz. Und dann haben wir noch einen Lebkuchennikolaus gebacken!«

»Nicht verraten«, schreit Michael, »den kriegen wir doch erst kurz vor Weihnachten mit nach Haus!«

»Bis dahin hab ich's längst vergessen«, sagt die Mutter lachend. »Ist der Nikolaus denn wirklich zu euch gekommen?«

»Ganz doll gebummert hat er an der Tür«, erzählt Michael. »Aber ich hab überhaupt keine Angst gehabt. Er sah nämlich ganz lieb und freundlich aus. Und er hat uns eine lange Nikolausgeschichte erzählt, wie er den drei armen Mädchen geholfen hat. Die Goldäpfel hat er ihnen durchs Fenster geworfen. Und Bettina hat sogar ein Gedicht aufgesagt und ist nicht steckengeblieben!«

»Und seinen Sack hat er auch aufgemacht«, sagt Bettina. »Das hat so gut nach Lebkuchen geduftet. Ich hab ein Lebkuchenpferd und zwei goldene Nüsse bekommen!«

»Wir haben dem Nikolaus ganz lange nachgewinkt«,
ruft Michael. »Und dann haben wir die Geschichte
von den armen Mädchen nachgespielt. Ich war der
Nikolaus und hab drei Tennisbälle mit Gold drum
herum durchs Fenster geworfen!« Michaels Backen
sing ganz rot geworden vor Begeisterung. »Am liebsten kann der Nikolaus morgen früh wieder in den
Kindergarten kommen«, ruft er. »Das hat so Spaß
gebracht!«
»Wer weiß, vielleicht kommt er morgen zu uns nach
Hause«, sagt die Mutter und lächelt geheimnisvoll.

Barbara Cratzius

Nikolaus ruft

Ihr Finger, ihr Finger, ich muß euch sehr bitten,
wer zieht meinen schweren großen Schlitten?
Mein Esel hat ein schlimmes Bein,
nun steh ich im Winterwald ganz allein.
Die Kinder warten in jedem Haus
auf den großen Sack vom St. Nikolaus.
Der Daumen, der packt vorne an,
der Schlitten ist schwer, o Mann, o Mann!
Der Zeigefinger sagt: »Das schaff ich nicht,
die Säcke haben zu viel Gewicht!«
Der Mittelfinger seufzt: »O nein, o nein,
das wird mir ganz unmöglich sein!«
Der Ringfinger schafft es ein kleines Stück,
dann stöhnt er: »Nein, ich hab kein Glück!«
Der Kleine lacht: »Wir packen alle an,
die ganze Hand es wohl schaffen kann!«
Und langsam, langsam, Schritt vor Schritt
ziehen alle den schweren Schlitten mit.
St. Nikolaus brummt: »Das geht wunderbar
auch ohne Esel in diesem Jahr!«
Und alle Kinder, Haus an Haus,
freuen sich auf die Gaben vom Nikolaus.

Barbara Cratzius

Zunächst reckt sich der Zeigefinger der linken Hand als »Nikolaus« fragend hoch. Dann wird die linke Hand als »Schlitten« ausgestreckt. Die Finger der rechten Hand versuchen nacheinander, den Schlitten fortzubewegen. Am Schluß fassen die Finger der rechten Hand unter die linke Hand und ziehen sie langsam vorwärts.

Laßt uns froh und munter sein

Laßt uns froh und mun-ter sein und uns recht von

Her-zen freun! Lu-stig, lu-stig, tra-la-la-la-la! Bald ist Ni-ko-laus-

a - bend da, bald ist Ni-ko-laus - a - bend da!

Dann stell ich den Teller auf,
Nikolaus legt gewiß was drauf.
Lustig, lustig …

Wenn ich schlaf, dann träume ich,
jetzt bringt Nikolaus was für mich.
Lustig, lustig …

Wenn ich aufgestanden bin,
lauf ich schnell zum Teller hin.
Lustig, lustig …

Nikolaus ist ein guter Mann,
dem man nicht genug danken kann.
Lustig, lustig …

Weihnacht

Christkind ist da,
sangen die Engel im Kreise
über der Krippe
immerzu.

Der Esel sagte leise
I a
und der Ochse sein Muh.

Der Herr der Welten
ließ alles gelten.
Es dürfen auch nahen
ich und du.

Josef Guggenmos

Die heil'gen drei Könige

Die heil'gen drei Kön'ge aus Morgenland
sie frugen in jedem Städtchen:
»Wo geht der Weg nach Bethlehem,
ihr lieben Buben und Mädchen?«

Die Jungen und Alten, sie wußten es nicht,
die Könige zogen weiter,
sie folgten einem goldenen Stern,
der leuchtete lieblich und heiter.

Der Stern bleibt stehn über Josephs Haus,
da sind sie hineingegangen;
das Öchslein brüllte, das Kindlein schrie,
die heil'gen drei Könige sangen.

Heinrich Heine

Bärenglück

Ein Bär läuft durch den Winterwald.
Der Winterwald ist bitterkalt.
Der Bär trägt einen Hut,
der ihn behüten tut.

Da hat der Bär den Hut verloren.
Da friert der Bär an Nas' und Ohren.
Da läuft er flink zur Mutter heim.
Da schlürft er Milch und Honigseim.
Da brummt der Bär und lacht.
Jetzt schlaf schön. Gute Nacht!

Hans Stempel + Martin Ripkens

Die Geschichte von der Schneekatze

Einmal ist im Winter viel Schnee gefallen, und die Kinder haben einen Schneemann gebaut und gerodelt und eine Schneeballschlacht gemacht.

Die Katze hat einen Schneeball rollen sehen. Sie wollte mit dem runden Ding spielen. Sie hat den Schneeball mit den Pfoten hin und hergekugelt, und immer mehr Schnee ist daran klebengeblieben, und der Schneeball ist immer dicker geworden, und dann ist er den Berg hinuntergerollt.

Die Katze ist ihm nachgesprungen, sie wollte ihn festhalten. Aber der Schneeball ist immer noch dicker und schwerer geworden und immer noch weitergerollt, und die Katze hat ihn nicht losgelassen. Da mußte sie mitrollen und mitrollen, bis unten an den Berg.

Endlich ist der Schneeball liegengeblieben. Er war so dick wie ein Kartoffelsack geworden, und oben hat der Katzenkopf herausgeguckt! Die Kinder haben gelacht. Jetzt hatte der Schneemann eine Schneekatze! Dann haben sie die Katze schnell aus dem Schnee geholt und ins warme Haus gebracht.

Ursula Wölfel

Fasching bei Lutz

Zum Kinderfasching im Gasthof Schluderer ging Lutz als Sheriff. Zu Hause kam er sich einmalig vor in seinem Wildwestkostüm. Aber beim Schluderer traf er mindestens zweihundert Sheriffs, die genauso aussahen wie er. Das war ihm zu dumm.

Als er bei Tobias zum Kinderfasching eingeladen war, verkleidete er sich als Indianer. Doch bei Tobias gab es außer ihm noch elf Indianer. Das gefiel Lutz auch nicht.

Für die Faschingsfeier im Turnverein machte er sich als Clown zurecht. Die anderen Kinder fanden ihn lustig. Da bekam Lutz Spaß am Maskieren. Zu Sabines Hausfasching kam er als Kaminkehrer, mit echtem Ruß auf Gesicht und Händen. Und beim Schulfest war er ein Hippie.

Was aber sollte Lutz bei seinem eigenen Faschingsfest schließlich sein? Er wurde ein Sheriff-Clown-Hippie-Schornsteinfeger.

»Was bist du denn?« fragten die Sheriffs und Indianer, fragten die Prinzessin, Pippi Langstrumpf, fragten Matrose, Mohr und Holländerin.

»Ich bin ein Sheriff-Clown-Indianer-Hippie-Schornsteinfeger«, sagte Lutz und lachte.

Die Kinder verstanden. Bald waren sie Pippi-Mohr

und Sheriff-Langstrumpf, Cowboy-Matrose und Vo-
gelscheuchenprinzessin, Indianer-Hexe und Köni-
gin-der-Nacht-Pirat, und zum Schluß wußte niemand
mehr, wem welche Sachen gehörten und als was er
gekommen war.

Das war aber auch egal. Die Eltern schafften später
schon wieder Ordnung. Erwachsenenordnung.

»Was für ein fürchterliches Durcheinander«, sagten
sie und seufzten.

Die Kinder wußten es besser. »Der Fasching bei
Lutz war am schönsten!«

Katrin Arnold

Trat ich heute vor die Türe

Trat ich heu - te vor die Tü - re, sap - per - lot was
Tanz - te doch die Gans A - ga - the mit dem Trut-hahn

1. sah ich da?
2. Ende Cha - Cha - Cha! Und die Hüh - ner

und die Tau - ben mach - ten »meck« und schrie - en »muh«,

und das Pferd mit sei - nen Hu - fen klap - per - te den Takt da- zu.

Von Anfang bis Ende

Max, der Esel, und die Schweine
tanzten sehr vergnügt zu dritt.
Selbst die dicke Kuh Babette
wiegte sich im Walzerschritt.
Mieze bellte, Karo schnurrte,
und die Ziege auf dem Mist
krähte sich die Kehle heiser,
weil doch heute Fasching ist.

Zu diesem Spiellied können die Kinder aus Tüten, Tonpapier oder Papp-maché Tiermasken basteln und damit beim Faschingsfest herumtanzen.

Lügenlied im Winter

Der Hase zog die Schlittschuh' an,
ist übern See geflogen.
Und hat dort eine Achterbahn
auf glattem Eis gezogen.

Fridolin, der Pinguin,
der watschelt auf dem Eis.
Er singt im schwarz gestreiften Frack
ein Lied, mal laut, mal leis'.

Die Krähe hätt' gern einen Schal,
wenn kalt die Winde wehen.
Dann braucht sie auf dem Krähenbaum
nicht heiser sich zu krähen.

Und glaubst du mir das alles nicht,
die Schnee- und Eisgeschichten?
Den Schneemann hört' ich sie heut nacht
vor unserm Zaun berichten.

Er zwinkert mir noch einmal zu
und lächelt dann verstohlen.
Nun weiß ich nicht: Ist alles wahr?
Oder wollt' er mich verkohlen?

Barbara Cratzius

Wer malt das schönste Osterei?

*Von fleißigen Bienen und Osterhasen, vom Muttertag
feiern, vom Geburtstag haben und vom Großwerden*

Die Stare sind da!

Die Stare, was tun sie schon da?
Noch liegt unser Garten verschneit.
Was wollt ihr, Stare, schon heut?
Was pfeift ihr? Was wißt ihr? – Aha,
der Frühling naht, gleich ist er da!

Der Schneemann, der dicke, erschrickt:
»Ach ja, so wird es wohl kommen –
bald bin ich vergessen, zerronnen.«
Er nickt,
        da kollert sein Kopf
ihm davon samt Möhre und Topf.

Josef Guggenmos

52

Winter, ade!

Win-ter, a - de! Schei-den tut weh, a-ber dein Schei-den macht,

daß mir das Her - ze lacht. Win-ter, a - de! Schei-den tut weh.

Winter, ade! Scheiden tut weh.
Gerne vergeß ich dein,
kannst immer ferne sein.
Winter, ade! Scheiden tut weh.

Winter, ade! Scheiden tut weh.
Gehst du nicht bald nach Haus,
lacht dich der Kuckuck aus.
Winter, ade! Scheiden tut weh.

Rumpumpels Geburtstag

Text: Paula Dehmel, Melodie: Volksgut

Kräht der Hahn früh am Ta-ge, kräht laut, kräht weit: Gu-ten Mor-gen, Rum-pum-pel, dein Ge-burts-tag ist heut. Gu-ten Mor-gen, Rum-pum-pel, dein Ge-burts-tag ist heut.

Guckt das Eichhörnchen runter:
Wenig Zeit, wenig Zeit!
Guten Morgen, Rumpumpel,
dein Geburtstag ist heut!

Kommt das Häschen gesprungen,
macht Männchen vor Freud:
Guten Morgen, Rumpumpel,
dein Geburtstag ist heut!

54

Steht der Kuchen auf dem Tische,
macht sich dick, macht sich breit:
Guten Morgen, Rumpumpel,
dein Geburtstag ist heut!

Und Vater und Mutter,
alle Kinder, alle Leut
schrein: Hoch der Rumpumpel,
sein Geburtstag ist heut!

Bei diesem Lied kann statt Rumpumpel der Name des Geburtstagskindes ein-
gesetzt werden. Besonders lustig wird es, wenn man versucht, die verschiede-
nen Gratulanten nachzuahmen: Wer kann stolzieren wie der Hahn, springen
wie das Eichhörnchen, Männchen machen wie der Hase usw.?

Groß werden

Ab und zu müssen sich Anna und Jan mit ihrem Kopf gegen den Türpfosten stellen, und dann malt Mama einen Strich darauf. Nein, nicht auf den Kopf, sondern auf den Türpfosten natürlich.
»Oh, guck mal«, ruft sie dann. »Ihr seid ja schon wieder gewachsen. Geht das schnell. Ihr werdet aber groß!«
Anna findet Wachsen toll, aber Jan nicht. Er bleibt ja doch kleiner als Anna, soviel er auch ißt.
Heute guckt Mama auch, ob sie gewachsen sind.
Anna ist schon wieder zwei Zentimeter größer geworden.
»Ich bin schon einen Kopf größer als du«, sagt sie zu Jan.
Mama guckt Jan an.
»Nicht böse werden, hörst du?« sagt sie.
Aber Jan wird ganz und gar nicht böse. Er nimmt einen Stuhl und schiebt ihn an den Türpfosten. Dann klettert er auf den Stuhl und sagt: »Und jetzt einen Strich machen.«
Mama macht einen Strich. Der ist ganz hoch oben.
»Das ist gemein!« ruft Anna. »Ich bin wirklich einen Kopf größer als du.«
»Und ich bin eben einen Stuhl größer als du«, sagt

Jan, und dann streckt er Anna die Zunge raus und läuft schnell weg.

Dolf Verroen

Ostern

Ich schenke dir
ein Osterei,
wenn's zerbricht,
so hast du zwei.

Dies Eichen aus dem Hühnernest,
das schenk ich dir zum Osterfest.

Ostereier

Schau doch, die vielen bunten Eier!
Wer hat die Farben so schön gemischt?
Wer malte die blauen, die gelben, die roten?

Der Osterhase mit flinken Pfoten.
Und ausgerechnet an Mutters neuer
Schürze hat er sie abgewischt!

Christine Busta

Der Osterhase

Es gibt keinen Osterhasen, sagen viele Leute.

»Es gibt ihn doch«, sagt Uwe.

»Wenn du leise bist«, hat seine Tante gesagt, »dann kommt der Osterhase in unseren Garten. Und wenn er kommt, dann ist bald Ostern.«

»Gut«, denkt er, »leise soll ich sein, laß ihn nur kommen.«

Richtig, eines Abends kommt einer angehoppelt.

Das Häschen bleibt stehen und wackelt mit den Ohren.

Dann dreht es sich um und hoppelt schnell wieder in den Tannenwald zurück.

Abend für Abend lauert Uwe im Garten.

Kommt das Häschen wieder?

Eines Abends ist ein anderer gekommen: ein großer, dicker Hase. Und am nächsten Tag war Ostern.

Uwe hatte recht.

Fingerspiel vom Schnupperhäschen

Seht, ich hab ein kleines Häschen
mit einem braunen Schnuppernäschen
und zwei langen Ohren,
so wurde es geboren.

Das Häschen schnuppert da,
das Häschen schnuppert hier…
und denk dir nur –
sogar bei DIR!

Monika Görig

Bei diesem Fingerspiel für die Osterzeit berührt der Daumen den Mittel- und Ringfinger und bildet so die Hasen-Schnauze, während sich Zeigefinger und kleiner Finger als »Ohren« in die Höhe recken. Überall schnuppert das neugierige Häschen herum, bis es schließlich auf einen anderen Mitspieler trifft.

Seht, was sitzt denn dort im Gras!

Seht, was sitzt denn dort im Gras!
Ist das nicht der Osterhas'?

Guckt mit seinem langen Ohr
aus dem grünen Nest hervor.

Hüpft mit seinen schnellen Bein'
über Stock und über Stein.

Seht auch her, was in dem Nest
liegt so rund und auch so fest:

Eier, blau und rot gefleckt,
hat er in dem Nest versteckt.

Immer muß er sie verstecken,
sucht drum schnell in allen Ecken.

April! April!

Hört – im Walde ist was los,
die Grille zirpt im Moos.
Die Biene summt ganz leise
und lauter singt die Meise.

Dem Häschen juckt das Bein.
Dem Fuchs, dem zuckt der Schwanz.
Nun kommt, nun kommt herein!
Auf geht's zum lust'gen Tanz!

Die Eidechs' dreht den Regenwurm,
der Hirsch tanzt mit dem Reh.
Der trampelt ihm auf seinen Fuß,
das Reh schreit: »Das tut weh!«

Der Hamster schwenkt den Dachs herum,
der Otter die Forelle,
die Schneck' tanzt mit dem eignen Haus,
und immer auf der Stelle.

Der Frosch, der sagt zum Schmetterling:
»Komm, tanz, du bist so schön!«
Das Eichhörnchen holt sich die Maus,
so seht, wie sie sich drehn!

Der Storch stolziert zum Enterich,
der Star hüpft zu den Tauben,
der Igel kriecht zum Grashüpfer,
willst du mir das nicht glauben?

Find'st du das alles sonderbar?
Ja, sowas gibt's einmal im Jahr,
nun bin ich auch schon still!
April! April! April!

Barbara Cratzius

Am 18. April

Am 18. April
mußt du die Ohren spitzen,
dann ist die Zeit,
wo er kommt,
wo er schreit,
der, den ich meine.

Der, den ich meine,
war verreist.
Seit August war er fort.
Bei uns hat's geschneit,
er aber war weit,
bis unten im heißesten Afrika.

Doch heut ist er wieder da!
Und damit du es weißt,
schreit er laut, wie er heißt.
Heute, es kann auch morgen sein,
ruft der Kuckuck
»Kuckuck« ins Land hinein.

Josef Guggenmos

Der Kuckuck und der Esel

Der Kuk-kuck und der E-sel, die hat-ten ei-nen Streit: wer wohl am be-sten sän-ge, wer wohl am be-sten sän-ge zur schö-nen Mai-en-zeit, zur schö-nen Mai-en-zeit.

Der Kuckuck sprach: »Das kann ich!«
und fing gleich an zu schrein.
»Ich aber kann es besser!«
fiel gleich der Esel ein.

Das klang so schön und lieblich,
so schön von fern und nah.
Sie sangen alle beide:
Kuckuck! Kuckuck! – I – A!

Liebe Mutter

Lie - be Mut - ter, lie - be Mut - ter, wir brin - gen dir

heut ein Lied und ein Blüm - chen, ein Herz vol - ler Freud.

Liebe Sonne, liebe Sonne,
schein hell und schein klar
und schenke der Mutter
ein fröhliches Jahr!

Zum Muttertag

Liebe Mutter, in diesem Sack
sind viele Grüße zum Muttertag.
Auch Blumen habe ich dir gebracht.
Das Bild da hab ich selbst gemacht.
Und alles zusammen soll dir sagen:
ich hab dich lieb –
auch an allen anderen Tagen.

Friedl Hofbauer

An die Mutter zum Muttertag

Wir wären nie gewaschen
und meistens nicht gekämmt.
Die Strümpfe hätten Löcher
und schmutzig wär das Hemd.
Wir gingen nie zur Schule,
wir blieben faul und dumm
und lägen voller Flöhe
im schwarzen Bett herum.
Wir äßen Fisch mit Honig
und Blumenkohl mit Zimt,
wenn du nicht täglich sorgtest,
daß alles klappt und stimmt.
Wir hätten nasse Füße
und Zähne schwarz wie Ruß
und bis zu beiden Ohren
die Haut voll Pflaumenmus.
Wir könnten auch nicht schlafen,
wenn du nicht noch mal kämst
und uns, bevor wir träumen,
in deine Arme nähmst.
Wer lehrte uns das Sprechen?
Wer pflegte uns gesund?
Wir krächzten wie die Krähen
und bellten wie ein Hund.
Wir hätten beim Verreisen
nur Lumpen im Gepäck.
Wir könnten gar nicht laufen,
wir kröchen durch den Dreck!

Und trotzdem! Sind wir alle
auch manchmal eine Last:
Was wärst du ohne Kinder?
Sei froh, daß du uns hast!

Eva Rechlin

Blumenlied

Löwenzahn, sag an, an, an,
ob dein Zahn auch beißen kann.

Fingerhut, ach je, je, je,
reichst der Biene bis zur Zeh.

Glockenblume, kling, kling, kling,
Glöckner ist der Schmetterling.

Mohn im Korn, so rot, rot, rot,
kostbar ist das liebe Brot.

Butterblume, muh, muh, muh,
morgen kommt die schwarze Kuh.

Reiner Kunze

Die fünf Bienen

Fünf Bienen sitzen im Bienenhaus,
fünf Bienen fliegen weit hinaus.

Die erste ruft mit frohem Mut:
»Die Kirschblüten, die duften so gut.«

Die zweite kriecht im Sonnenschein
ganz tief in die Glockenblume hinein.

Die dritte sitzt auf dem Rosenblatt
und trinkt sich am süßen Nektar satt.

Die vierte sagt: »Ich bleib beim Mohn,
den süßen Saft, den kenn ich schon!«

Die fünfte ruft: »Oh, seht euch vor,
kriecht schnell aus euren Blüten hervor.

Der Regen kommt, o Schreck, o Graus,
versteckt euch flugs im Bienenhaus!«

Barbara Cratzius

Die Finger der linken Hand flattern als Bienen umher. Nach einer
Weile lassen die Kinder mit den Fingern den Regen tröpfeln.
Nun suchen die »Bienen« in der Wölbung der rechten Hand Schutz.

Annas Zauberwort

Anna malte Buchstaben auf ein Blatt. »Was heißt das?« fragte sie. »Ramasani«, las der Vater. »Ramasani«, wiederholte Anna andächtig. Sie wußte gleich, daß das ein Zauberwort war. »Ramasani«, murmelte sie und ging die Treppe hinunter.
Vor dem Haus kläffte Nachbars Dackel. Dabei zeigte er sein Feuerdrachengesicht. Das Gesicht, das nur Anna kannte. Aber diesmal lief sie nicht weg. Sie schaute den Dackel fest an und zischte: »Ramasani!« Der Dackel verstummte und trollte sich.
Seit sie die Brille mit der Augenklappe tragen mußte, war Anna nicht mehr zum Spielplatz gegangen. Aber mit dem Zauberwort war das natürlich eine andere Sache! »Ramasani!« sagte Anna entschlossen und ging die Straße hinunter.
»Seht mal, das Schielauge!« rief Ingo von der Schaukel.
»Ramasani«, flüsterte Anna, aber sie mußte es noch ein paarmal flüstern. Endlich war ihre Stimme fest genug, um bei wilder See gegen den Sturm zu schreien. »Ich bin doch ein Pirat!« rief sie.
»Pirat?« Dominik rutschte die Kletterstange hinunter. »Ich bin auch einer!«
Da war Christof auch ein Pirat. Das Kletterhaus war

72

ihr Schiff. Der Sandkasten war die Schatzinsel. Und natürlich war Anna der Piratenkapitän. Denn nur mit echter Augenklappe kann man Piratenkapitän sein. Ingo schaute eine Weile zu. Dann wollte er auch ein Pirat sein. Der Kapitän war großmütig und nahm ihn in seine Mannschaft auf.

»Komm doch morgen wieder!« sagte Ingo, als das Piratenschiff am Abend vor Anker ging.

Anna hüpfte heim. Auf der Straße saß ein Mädchen, das erst vor kurzem eingezogen war. Anna hatte noch nie mit ihm gesprochen, denn die Leute redeten in einer fremden Sprache. Aber nun hatte das Mädchen den Kopf auf die Knie gelegt. Es weinte. Und das hörte sich gar nicht fremd an.

Anna setzte sich zu ihm und streichelte seinen Arm.

»Ramasani«, flüsterte sie. »Ramasani!«

Das Schluchzen wurde leiser. Dann hörte es auf. Das Mädchen hob den Kopf und schaute Anna an.

»Ramasani«, sagte Anna und lächelte.

Da lächelte das Mädchen auch. Und es begann zu sprechen. Fremde, geheimnisvolle Wörter.

Und Anna wußte, daß es Zauberwörter waren. Lauter Zauberwörter.

Frauke Nahrgang

Der Sommer schleckt ein Himbeereis

Von Hitze, Regen und Gewitter, vom Baden gehen und Sandburgen bauen, von Ampeln, Autos und vom Verreisen

Trarira, der Sommer, der ist da

Tra - ri - ra, der Som- mer, der ist da! Wir
wol - len raus in' Gar - ten und woll'n des Som- mers
war - ten. Ja, ja, ja, der Som- mer, der ist da!

Trarira, der Sommer, der ist da!
Wir wollen hinter die Hecken
und wolln den Sommer wecken.
Ja, ja, ja, der Sommer, der ist da!

Trarira, der Sommer, der ist da!
Der Sommer hat gewonnen,
der Winter ist zerronnen.
Ja, ja, ja, der Sommer, der ist da!

76

Händewaschen

Händewaschen?
Muß wohl sein.
Seh ich ein.
Dreck muß weg.
Aber manchmal ist ein Tag
wo man nicht mag.
Da will man noch eine Weile
das Glitzern an den Händen haben
vom Sandtunnelgraben.
Oder Farbe vom Malen und so.
Man kommt heim und ist froh.
Da schreit einer:
»Wasch dir die Pfoten!«

Sowas gehört verboten.

Friedl Hofbauer

Die Geschichte von der Wippe

Einmal ist der Vater mit dem kleinen Mädchen auf den Spielplatz gegangen. Da war eine Wippe, und das kleine Mädchen wollte so gern einmal mit dem Vater wippen. Es hat sich auf die eine Seite von der Wippe gesetzt, und der Vater hat sich auf die andere Seite von der Wippe gesetzt.

Da was das kleine Mädchen ganz hoch oben, und der Vater war ganz unten.

»Los! Los!« hat das kleine Mädchen gerufen. Aber die Wippe konnte nicht wippen.

Das kleine Mädchen war doch so leicht, und der Vater war so schwer.

Der Junge mit der roten Mütze hat sich hinter das kleine Mädchen gesetzt.

Aber die Wippe konnte immer noch nicht wippen, die Kinder waren immer noch zu leicht.

Das Mädchen mit den Zöpfen hat sich hinter den Jungen mit der roten Mütze gesetzt.

Aber die Wippe konnte immer noch nicht wippen, die Kinder waren immer noch zu leicht.

Der Junge mit den langen blauen Hosen hat sich hinter das Mädchen mit den Zöpfen gesetzt.

Aber die Wippe konnte immer noch nicht wippen, die Kinder waren immer noch zu leicht.

Da hat das kleine Mädchen seinen Teddy auf den Schoß genommen – und auf einmal war der Vater ganz hoch oben, und alle Kinder waren unten!
Jetzt konnte die Wippe endlich wippen: auf und ab und auf und ab, und alle haben gelacht.

Ursula Wölfel

Sommerlied

Was bringt uns wohl der Sommer mit?
Die weißen Wolkenschimmel.
Die Gräserrispen, Mohn und Klee
und einen Sonnenhimmel.

Was bringt uns wohl der Sommer mit?
Die gelben Weizenfelder.
Den Kuckucksruf, den Schwalbenzug,
das lichte Grün der Wälder.

Was bringt uns wohl der Sommer mit?
Die Bohnen in dem Garten.
Das Erdbeermus und Himbeereis,
wir können's kaum erwarten.

Was bringt uns wohl der Sommer mit?
Steinklee in Mauerritzen.
Die Sonnenflecken in dem See
und Kinder, die so schwitzen.

Was bringt uns wohl der Sommer mit?
Die Seen zum Plantschen, Spritzen,
und flinke Fische, die im Schwung
hell in der Sonne blitzen.

Was bringt uns wohl der Sommer mit?
Heuhaufen zum Verstecken.
Die langen Nächte sind zu kurz,
um alles zu entdecken.

Und wenn der Sommer uns verläßt,
wollen wir nicht traurig blicken,
mit bunten Blättern, Obst und Wein
wird bald der Herbst sich schmücken.

Barbara Cratzius

Ein kleines Wunder

Es war im Monat Mai. Fünf Sonnenblumenkerne lagen in meiner Hand. Klein und unscheinbar.

Fünf kleine Löcher machte ich in einigem Abstand voneinander in die regenfeuchte Erde. Ich legte in jede Vertiefung einen Kern und bedeckte ihn mit Erde. Nun wartete ich voller Spannung.

Nach sechs Tagen etwa erschienen fünf kleine zarte Stengel mit je zwei Blättchen aus dem Erdboden.

Langsam wurden die Pflanzen größer und kräftiger.

Ich begoß sie öfter und gab ihnen etwas Blumendünger.

Dann begannen die Sommerferien, und wir fuhren für sechs Wochen an die See. Die Sonnenblumen waren jetzt etwa einen Meter hoch. Oben begannen sich schon die Blütenknospen zu bilden.

Ich mußte die Pflanzen nun sich selbst überlassen.

Als wir Ende August zurückkamen, traute ich meinen Augen nicht. Fünf Sonnenblumen leuchteten uns entgegen.

Die Stengel waren dick und stark und die Blüten groß wie Suppenteller mit braun-gelben Gesichtern, von leuchtend gelben Blütenblättern umrahmt. Fünf kleine Sonnen strahlten Freundlichkeit und Schönheit aus.

Ich stützte sie mit Leisten, damit der Wind sie nicht knicken konnte. Bis in den Oktober hinein hatten wir unsere Freude an ihnen. Die vielen Kerne aus dem Blütenkorb ergeben Futter für die hungrigen Vögel im Winter. Einige Kerne aber hebe ich gut auf, damit wir im nächsten Jahr das gleiche Wunder wieder erleben dürfen.

Ursula Fack

Angst und Mut

Bert und Kilian sind allein zu Hause. Eigentlich sollten sie jetzt schon schlafen. Aber es ist so schwül.
Sie liegen in ihren Betten und erzählen sich etwas.
Ganz plötzlich wird es dunkel.
Kilian guckt aus dem Fenster. »Es gibt ein Gewitter! Es blitzt schon!« ruft er.
»Das ist nur ein Wetterleuchten«, sagt Bert und zieht sich die Decke über den Kopf.
Aber da donnert es schon.
»Schnell! Mach das Fenster zu!« ruft Kilian.
Bert rennt zum Fenster, wirft es zu und springt wieder in sein Bett. Nun macht ein greller Blitz das Zimmer hell, der Donner kracht, und Kilian schreit:
»Bert! Bert! Komm zu mir!«
»Das Gewitter ist noch weit entfernt«, sagt Bert. Seine Stimme zittert. Er tastet sich zu Kilians Bett und setzt sich auf das Fußende. Er legt den Kopf auf die Knie und macht die Augen zu, damit er die Blitze nicht sehen muß. Aber sie leuchten durch seine geschlossenen Augenlider. Bei jedem Donnerschlag zuckt er zusammen.
Kilian kriecht näher zu Bert.
Der streichelt seinen Rücken und sagt: »Du brauchst keine Angst zu haben. Ich bin doch bei dir.«

»Bitte, hol eine Kerze«, sagt Kilian. »Vielleicht schlägt der Blitz in die Stromleitung.«

Bert läuft in die Küche. Blitz und Donner kommen ihm hier noch schrecklicher vor. Da ist die Kerze. Aber wo sind die Streichhölzer? Im Wohnzimmer?

Er rennt und stolpert über einen Stuhl. Er stößt mit dem nackten Zeh an ein Tischbein.

»Wo bleibst du so lange?« ruft Kilian.

»Dummerchen!« sagt Bert. Seine Hände zittern so sehr, daß er drei Streichhölzer braucht, bis die Kerze brennt. Nun regnet es draußen.

Es blitzt nicht mehr so oft. Der Donner wird schwächer. Das Gewitter zieht fort. Nur der Regen rauscht.

»Hast du gar keine Angst gehabt?« fragt Kilian.

Bert bläst die Kerze aus.

»Ich habe schreckliche Angst gehabt«, sagt er.

Ursula Wölfel

Achtung!

Rot, gelb, grün.
Schau genau hin!

Grün heißt: Gehen.
Rot heißt: Stehen.

Und was heißt gelb?
Gelb heißt: Warten und sehen.

Friedl Hofbauer

Die Ampel

Auf der Straße ein Getöse,
horcht – es rauscht, es donnert, braust,
ohne Pause, schnell vorüber,
wie es tutet, knattert, saust.

Tag und Nacht ein Rennen, Jagen,
Laster, Mopeds und ein Bus.
Wann macht denn die Autoschlange
endlich einmal vor uns Schluß?

Und wir stehn am Straßenrand,
Ampel, du vergißt uns nicht.
Du kannst all die Autos stoppen,
du allein mit deinem Licht.

Du hältst stets für uns die Wacht,
seh ich rot, so bleib ich stehn.
Wenn dein grünes Auge leuchtet,
dann erst darf ich gehn.

Unsere gute alte Ampel,
die ist immer unser Freund.
Tag und Nacht steht sie auf Posten,
seht, wie hell ihr Licht uns scheint.

Barbara Cratzius

Unser Auto will nicht fahren

Text: Sonny Kunst, Musik: Detlev Jöcker

Un-ser Au-to will nicht fah-ren, rührt sich nicht vom Fleck,
un-ser Au-to will nicht fah-ren, Pa - pa kriegt 'nen Schreck.

Horch, da hupt es tut, tut, tut, ich glau-be fast, ihm geht's nicht gut.

Horch, da hupt es tut, tut, tut, ich glaub, ihm geht's nicht gut.

Unser Auto will nicht fahren,
steht ganz einfach still,
unser Auto will nicht fahren,
weißt du, was es will?

Horch, da hupt es tut tut tut ...

Liebes Auto, kannst du sagen,
bist du etwa krank?
Nein, mein Kind, bin leer im Magen,
kein Benzin im Tank.

(Immer langsamer singen. Danach sagen alle: Oh!)

88

Das unendliche Feriengedicht

Schnorchel, Creme und Badetuch,
Mückensalbe, Rätselbuch,
Sonnenhut und die Sandalen,
Spiele, Würfel, Stift zum Malen,
auch der Teddy mit der Litze
und die rosa Bademütze,
für die Puppe drei Paar Socken,
für den Durchfall Haferflocken,
Pullis, Hemden und fünf Hosen,
auch den Nachttopf mit den Rosen.
Peter schleppt sein Dreirad her,
Papa stöhnt: »Nein, nicht noch mehr!
Seid ihr denn wohl alle toll?
Längst ist unser Auto voll!«
Mutter seufzt: »O Feriengraus!
Nächstes Jahr bleib ich zu Haus!«
Doch der Peter schreit geschwind:
»Toll, daß endlich Ferien sind!
Vati – los mit 100 Sachen,
endlich woll'n wir Urlaub machen!«

Her mit Schnorchel, Creme und Tuch,
Mückensalbe...

(Nun geht's von vorne los!)

Barbara Cratzius

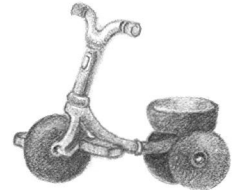

Die Sonne zum Beispiel

Lukas sitzt mit verbundenen Augen auf einem Stuhl.

Daniela reicht ihm einen Gegenstand.
Lukas riecht daran.
Er betastet ihn.
Was ist das?
Es ist glatt.
Es ist rund.
Es hat einen kurzen Stiel und duftet!

Es ist ein Apfel.

Aber es gibt Dinge, die Lukas nicht betasten,
an denen er nicht riechen kann.
Lukas kann sie fühlen, auch mit verbundenen Augen.

Die Sonne zum Beispiel.

Und ohne sie gäbe es den Apfel nicht.

Max Bolliger

90

Diese Hitze!

Peter holt die Luftmatratze
und den neuen Gummischwan.
Auch das lange rote Paddel –
kommt mit, alle Mann!

Fritz zieht seine Schuhe aus,
schmeißt die Jeans gleich hinterher,
auch das Hemd in hohem Bogen,
und dann rein ins Meer.

Und der stolze Kapitän
paddelt los, so schnell er kann.
Er hat außer seinem Halstuch
heute gar nichts an.

Der hat's gut, denkt Hans, der Schwan,
bei der Affenhitze!
Ich hab' sooo viel Federn an,
oh – wie muß ich schwitzen!

Barbara Cratzius

Brif, Bruf, Braf

In einem Hof spielten zwei Kinder ein äußerst lustiges Spiel. Sie dachten sich eine ganz besondere Sprache aus, in der sie miteinander reden konnten, ohne daß andere Leute eine Silbe davon verstanden.

»Brif, braf«, sagte der erste.

»Braf, brof«, antwortete der zweite. Und dann lachten alle beide ganz toll.

Im oberen Stock des Hauses saß ein alter Herr auf dem Balkon und las seine Zeitung, im Haus ihm gegenüber lehnte eine alte Frau zum Fenster hinaus, die weder gut noch schlecht war.

»Was sind das für dumme Kinder, die zwei da unten«, sagte die Frau. Aber der alte Herr war nicht ihrer Meinung. »Das finde ich nicht.«

»Sagen Sie mir nur nicht, daß Sie verstanden hätten, was sie eben gesagt haben.«

»Doch. Ich habe alles verstanden. Der erste sagte: Was für ein herrlicher Tag heute. Und der zweite antwortete: Morgen wird's noch viel schöner.«

Die alte Frau rümpfte die Nase, schwieg aber still, weil die Kinder unten im Hof wieder angefangen hatten, sich in ihrer Geheimsprache zu unterhalten.

»Maraschi, barabaschi, piffirimoschi«, sagte der erste.

»Bruf«, antwortete der zweite.
 Und wieder brach ihr tolles Gelächter los.
»Wollen Sie das auch wieder verstanden haben?«
rief die alte Frau erbost ihrem Nachbarn zu.
»Sicher«, antwortete der alte Herr lächelnd. »Der er-
ste hat gesagt: Wie sind wir doch froh, daß wir auf
der Welt sind! Und der zweite hat ihm geantwortet:
Die Welt ist ganz wunderbar!«
»Aber ist sie wirklich wunderbar, die Welt?« bohrte
die alte Frau weiter.
»Brif, bruf, braf«, antwortete der alte Herr.

Gianni Rodari

Quellenverzeichnis

Für die Erlaubnis zum Abdruck folgender Beiträge danken wir den Autoren und Verlagen:

Katrin Arnold, Fasching bei Lutz, S. 46, © bei der Autorin

Max Bolliger, Die Sonne zum Beispiel, S. 90, aus: Max Bolliger, Weißt du, warum wir lachen und weinen? © beim Autor

Elisabeth Borchers, September, S. 20, aus: Und oben schwimmt die Sonne davon, © bei der Autorin

Heidemarie Brosche, Tobi und Ralf, S. 16, © bei der Autorin

Christine Busta, Ostereier, S. 58, aus: Die Zauberin Frau Zappelzeh, © Otto Müller Verlag, Salzburg 1979

Georg Bydlinski, Wann Freunde wichtig sind, S. 14, aus: Der Mond heißt heute Michel, © Verlag Herder, Wien

Barbara Cratzius, Der erste Tag im Kindergarten, S. 12, Mein Drachen, S. 22, Sommerlied, S. 80, Die Ampel, S. 86, © bei der Autorin. Fingerspiel von den Äpfeln, S. 21, aus: Barbara Cratzius, Ein ganzes Jahr und noch viel mehr, Teil 1, © Verlag Herder, Freiburg. Komm, wir teilen uns die Laterne, S. 27, aus: Barbara Cratzius, Herbst im Kindergarten, © Verlag Herder, Freiburg. Wer hat die Silbernuß versteckt? (Originaltitel: Kannst du reimen?), S. 35, Heute ist Backfest in der Küche, S. 36, Lügenlied im Winter (gekürzt), S. 49, aus: Barbara Cratzius, Mein liebstes Weihnachtsbuch, © Loewes Verlag, Bindlach 1993. Besuch vom Nikolaus, S. 38, und Nikolaus ruft!, S. 40, aus: Uns gefällt die Weihnachtszeit, Verlag Herder, Freiburg, © bei der Autorin. April! April!, S. 62 und Die fünf Bienen, S. 71, aus: Barbara Cratzius, Noch mehr Fingerspiele und andere Kinkerlitzchen, © 1989 by Rowohlt Taschenbuch GmbH, Reinbek. Das unendliche Feriengedicht, S. 89, aus: Barbara Cratzius, Uns gefällt die Sommerzeit, Verlag Herder, Freiburg, © bei der Autorin. Diese Hitze!, S. 91 aus: Mein allerliebstes Ferienbuch, © Loewes Verlag, Bindlach 1993

Ursula Fack, Ein kleines Wunder, S. 82, © bei der Autorin

Monika Görig, Ich gehe in den Kindergarten, S. 15, Fingerspiel vom Schnupperhäschen, S. 60, für Texte und Melodie © bei der Autorin

Josef Guggenmos, Weihnacht, S. 42, Die Stare sind da!, S. 52, Am 18. April, S. 64, © beim Autor

Hanna Hanisch, Wenn die Nebelfrau kocht, S. 33, © Rolf Hanisch, Goslar

Friedl Hofbauer, Zum Muttertag, S. 67, aus: Ilse Walter (Hrsg.), Das Jahreszeitenreimebuch, © Verlag Herder, Wien. Händewaschen, S. 77, aus: Friedl Hofbauer, Minitheater, © Verlag Herder, Wien. Achtung!, S. 86, aus: Der Brummkreisel, © bei der Autorin

Sonny Kunst, (Text)/*Detlev Jöcker* (Melodie), Unser Auto will nicht fahren, S. 88, aus: Komm, du kleiner Racker, © Menschenkinder Verlag, Münster

Reiner Kunze, Blumenlied, S. 70, aus: Hans-Joachim Gelberg (Hrsg.), Überall und neben dir, © 1986 Beltz und Gelberg, Weinheim und Basel, Programm Beltz & Gelberg, Weinheim

Frauke Nahrgang, Annas Zauberwort, S. 72, © bei der Autorin

Otfried Preußler, Gebratene Steine, S. 24, aus: Otfried Preußler, Der kleine Wassermann, © K. Thienemanns Verlag, Stuttgart-Wien

Eva Rechlin, An die Mutter zum Muttertag, S. 68, aus: Eva Rechlin, Träumereien und Schnurrpfeifereien, © Eva Rechlin, Berchtesgaden

Gianni Rodari, Brif, Bruf, Braf, S. 92, aus: Gutenachtgeschichten am Telefon, © K. Thienemanns Verlag, Stuttgart-Wien